A Arte da Luta

Alexandre Callari

A Filosofia das ARTES MARCIAIS

Aplicada no Mundo Corporativo

合気道

Índice

INTRODUÇÃO **03**

CAPÍTULO 1 .... **10**
Temática Marcial - O Caminho do Guerreiro
A Filosofia Marcial e o Engrandecimento do Espírito Humano

CAPÍTULO 2 .... **24**
Bruce Lee: A Síntese de um Gênio

CAPÍTULO 3 .... **34**
Aplicando os Ensinamentos

CAPÍTULO 4 .... **40**
Identificando os Problemas
Por que seus Funcionários estão desmotivados?

Introdução

> “*Passei o dia inteiro sem comer e a noite inteira sem dormir, ocupado em pensar: 'Não foi produtivo. O melhor plano é aprender'.*”
>
> ***(Confúcio)***

Atribui-se o nome de artes marciais ao conjunto de disciplinas desenvolvidas ao longo da história da humanidade por diferentes povos, em diferentes momentos, cujo objetivo era sistematizar técnicas de defesa que fossem eficientes individual e coletivamente. Isso significa que as artes marciais podem servir tanto para proteger a integridade física de um indivíduo quando um confronto físico for iminente, quanto como método de estratégia e combate para um grupo.

A palavra “marcial” tem origem ocidental e latina e só surgiu muitos anos após a criação dos primeiros sistemas de lutas, e só recentemente passou a ser aplicada com a designação que conhecemos hoje. O termo vem de Marte, o Deus da Guerra para os romanos, o que nos obriga a definir *grosso modo* arte marcial como “Arte da Guerra”. No Oriente, elas são conhecidas por nomes como *wu shu* na China (que também significa Arte da Guerra) ou *bushido* no Japão, cuja tradução literal seria “Caminho do Guerreiro”. A generalização do termo “arte marcial” foi se consolidando aos poucos, à medida que os sistemas eram divulgados em diferentes países e a globalização unificou o mundo, abrindo portas culturais.

Hoje pode ser desconfortável encarar as artes marciais como métodos destrutivos utilizados em guerras, visto que elas adquiriram funções terapêuticas, esportivas, educacionais etc., extrapolando a mera defesa física, contudo, antigamente elas eram justamente isso: sistemas desenvolvidos com o objetivo último de aprimorar a capacidade dos guerreiros e soldados, em combate armado ou não. Quanto mais eficiente fosse o sistema, mais garantida seria a vitória do grupo que o estivesse utilizando.

Infelizmente, a prática da guerra é algo que se mistura com a própria história da humanidade. A civilização foi erigida em cima de muito sangue; é sempre a história de um povo que invadiu as fronteiras do outro para pilhar, roubar ou escravizar; é dominação e a atração que ela exerce na mente dos homens; são os infindáveis joguetes políticos que até hoje atormentam com sua escusa sordidez; são os constantes abusos, a lei do mais forte e os interesses pessoais em detrimento do coletivo. Nossa espécie sempre caminhou no fio da navalha e a metodologia das lutas acompanhou de perto este processo, algumas vezes assessorando; noutras, servindo de veículo para que ele ocorresse.

No passado, o ser humano teve de aprender a se defender em prol da sobrevivência. Desta necessidade, nasceram os primeiros sistemas organizados de defesa. A eficácia dos sistemas era testada na

prática e, se ela fosse comprovada, as técnicas desenvolvidas eram passadas adiante. Como resultado, o sistema sobrevivia à passagem do tempo e as gerações posteriores o aprimoravam. É o que chamamos de evolução das técnicas. Por outro lado, sistemas cuja eficiência era inferior não sobreviviam, em especial por tratar-se de uma época em que a falha significava morte ou desmembramento do lutador. Deste modo, a evolução das técnicas obedeceu a um processo seletivo.

Muitos povos criaram sistemas marciais que se tornaram parte integrante de sua cultura, sendo que os mais lembrados costumam ser os orientais. Japoneses, chineses, coreanos, tailandeses e filipinos, entre outros, fizeram das artes marciais a expressão máxima da sua capacidade criativa e cultural, permitindo que chegassem até nós com força e vigor.

Mas não são apenas os povos orientais que mantêm estreita conexão com o mundo marcial; russos, franceses e norte-americanos são exemplos de povos do Ocidente que desenvolveram seus próprios sistemas de combate. Outras culturas da Antiguidade, como os egípcios, indianos e gregos têm suas formas de combate, assim como tribos em todas as partes do mundo, da África à Oceania, incluindo os indígenas brasileiros.

> *"O Guerreiro precisa estar atento, uma urgência oriunda da própria experiência de vivenciar batalhas constantes."*

As artes marciais cresceram ao lado das culturas do planeta e foram diversas vezes testadas em campos de batalhas, até que um fato mudaria tudo, o advento de um mecanismo que as tornariam praticamente obsoletas: a arma de fogo. O combate corpo a corpo começou a perder espaço e, em questão de anos, um novo tipo de soldado nasceu: o que matava a distância. Por conta da evolução armamentista, ainda que soldados de ponta continuem praticando técnicas de combate corpo a corpo, as artes marciais perderam um espaço que sempre lhes havia pertencido.

Nas Américas, são notórias as histórias de como os povos indígenas com séculos de tradição guerreira foram massacrados em países como México, Peru e Bolívia. Esses povos viram toda sua coragem, conhecimento do relevo, estratégias e técnicas se provarem completamente ineficientes contra a força das armas de fogo. E foi assim que a pólvora tornou os sistemas de lutas de outrora obsoletos.

合気道

Posteriormente, um novo movimento começou a surgir. Se por um lado os combates corpo a corpo e as técnicas com armas brancas não mais ocupavam o topo da cadeia alimentar nas batalhas militares, por outro, as pessoas começaram a despertar para o fato de que os sistemas não eram constituídos exclusivamente de movimentos voltados para combate.

Praticantes de artes marciais sempre foram pessoas diferentes da maioria, que não se encaixavam dentro das convenções sociais e destoavam do genérico por diversos motivos. Eram pessoas que prezavam a ética e não se corrompiam pelos abalos morais que tocavam outras camadas da sociedade. Preceitos como honra, lealdade, companheirismo e dignidade lhes eram naturais. Ainda que esta seja uma generalização idealizada, o fato é que esse comportamento adverso vinha de um modo de vida atípico que os guerreiros levavam, nascido justamente das necessidades que o campo de batalha imprime.

O guerreiro precisa estar atento! Esta urgência vem da experiência de vivenciar batalhas constantes, de lidar com a surpresa e com a presença do inimigo, de viver com "um alvo nas costas". Na guerra, qualquer erro, por menor que seja, resultaria em morte, portanto, no caminho do guerreiro, não há espaço para falhas. Para não falhar, esta é a alternativa: estar constantemente atento! Para tanto, o indivíduo precisa de disciplina. Não aquela disciplina imposta por outrem; um elemento externo cujo interesse seja nos submeter, mas sim uma disciplina interna, que faça sentido para o próprio indivíduo, mesmo que não o faça para mais ninguém. A prática marcial é algo bastante pessoal, apesar de o treino ser coletivo. Isso faz com que exista também um aperfeiçoamento dentro do artista. O conjunto desses fatores gera uma personalidade diferente.

Os guerreiros tinham seu modo de vida, sua própria disciplina e filosofia. Não tinham medo da morte, nem de enfrentar adversidades. Eram calmos e compenetrados, respeitosos e donos de um espírito inquebrantável e empreendedor. Para exemplificar a natureza desse comportamento, citamos o fundador do aikido, Morihei Ueshiba, que não se cansava de dizer que "o lutador, tudo o que ele é e tudo o que possui, deve ser dedicado a causas nobres". É um pensamento humanitário, numa época em que não se falava nisso.

As pessoas passaram a observar a postura dos artistas marciais e, a partir dessa observação, nasceu o desejo de serem iguais a eles.

É possível aprender a ser uma pessoa melhor? É possível melhorar a concentração e evoluir o estado mental? Praticar artes marciais pode abrir as portas para esta realidade? Assim, a prática de artes marciais deixou de ter finalidade bélica para dar ênfase a algo que sempre esteve em seu DNA.

Nasciam os sistemas filosóficos marciais; caminhos que apresentavam códigos de conduta moral para reger a vida dos indivíduos, pautados na lucidez, no autoconhecimento e na compreensão do movimento natural das coisas. Este passou a ser o foco principal da esmagadora maioria dos sistemas marciais. O ensino mudou, a didática mudou, os objetivos mudaram e a adaptação das artes marciais a um novo mundo que se descortinava diante delas foi vital para sua sobrevivência.

Hoje, o número de praticantes no planeta não pode ser facilmente mensurado, mas ultrapassa com absoluta certeza a casa das centenas de milhões. É um avanço excepcional, principalmente se considerarmos o percentual mínimo de indivíduos que treinavam antigamente. Artes marciais assumiram uma conotação educacional e passaram a servir também como base comportamental para o arrojado mundo empresarial – um novo meio que, por ironia do destino, a humanidade encontrou para guerrear entre si.

Mas de que forma e por quais motivos pode a prática de um sistema de combate elevar o potencial do espírito humano? De que maneira ela promove a tão almejada lucidez, amplia o autoconhecimento e ajuda o indivíduo a superar as intempéries da vida, fazendo com que ele seja mais discernente? Como se explica esse paradoxo, o fato de que algo criado para a guerra tornou-se uma ferramenta para a paz e para a edificação de pessoas melhores, de personalidades mais conscientes de seu papel neste planeta? Tais questões são todas ilusórias, uma mera fantasia de mentes que gostariam de fazer dos sistemas marciais algo que eles não são, ou será que as lutas representam de fato um instrumento de transformação interior e, por conseguinte, de transformação social? Como a filosofia presente nas artes marciais atua no mundo corporativo atual, mobilizando-o de modo positivo e quais ensinamentos ela pode trazer a ele?

Por meio de exemplos reais, alguma extrapolação e da explicação da filosofia marcial, este livro elucida parte destas questões e torna claro, mesmo para aqueles que nada entendem de lutas e combates, o potencial educacional e cultural positivo que as artes marciais encerram dentro de si.

LIÇÕES MARCIAIS PARA UM MUNDO COORPORATIVO

Há alguns anos, executivos de todo mundo começaram a perceber a estreita conexão que há entre os ensinamentos marciais e o mundo empresarial. A competição entre corporações cresceu sobremaneira e tornou-se tão acirrada nos dias de hoje, que diretores de empresas se viram repentinamente envolvidos num estado de guerra, como se comandassem regimentos, tendo de enfrentar desde problemas como competição, até questões graves e despropositadas, como espionagem industrial.

Tudo se tornou uma luta, da abertura de novas contas e fechamento de negócios, à conquista e fidelização de clientes, aprimoramento de novas tecnologias, incluindo disputas pelos melhores profissionais

“Combates precisam de estratégias.”

do mercado e o desenvolvimento de campanhas mais eficientes. Empresas grandes engoliram muitas das menores e empresas desorganizadas dificilmente conseguem sobreviver neste universo predatório; elas acabam sendo assimiladas pelo sistema ou descontinuadas.

É um mundo selvagem que vive em uma luta constante. E combates precisam de estratégias. Foi esse entendimento e a adoção da obra *A Arte da Guerra* (de autoria atribuída a Sun Tzu) como livro de cabeceira de diversos executivos, que deu largada a essa tendência. Logo, outras fontes foram descobertas, como *O Livro dos 5 Anéis*, de Miyamoto Musashi, o maior samurai da história e o *Hagakure*, de Yamamoto Tsunetomo. Não demorou para que muitos executivos aderissem à prática de artes marciais em busca da temperança e do entendimento que vêm com o treino.

O PAPEL DO LÍDER

O líder costuma ter uma posição invejada pelos colegas por conta dos benefícios e prestígio que goza, contudo, poucos entendem que ele é quem carrega as maiores responsabilidades. O trabalho do líder é árduo e, para obter sucesso, é necessário que ele tenha uma equipe coesa e funcional, que promova avanços na dose certa, mantenha os clientes satisfeitos ao ponto de eles sempre quererem retornar, cumpra as metas estabelecidas etc. Por outro lado, se falhar, ele derrubará todo um conjunto de pessoas consigo. Funcionários, gerentes, diretores, acionistas, todos estão sujeitos a sofrer as consequências de ações inapropriadas tomadas por uma pessoa. Dentro deste contexto, a filosofia marcial passa a ser um referencial, uma temperança que ajuda a manter a lucidez e a clareza do líder, bem como sua objetividade e humildade. Mas, num equilíbrio perfeito, ela também o ensina a ser enérgico e duro quando preciso.

O papel do líder não é agradar. Também não é ser implacável, como pensam alguns. Um líder não surge pelo medo que deflagra; medo e respeito são coisas diferentes. O líder é a pedra angular que mantém o sistema em funcionamento, portanto, se o entendimento dele for falho, todo o resto também falhará.

Este livro aborda exemplos de qual deve ser o comportamento adotado pela pessoa que está no comando de uma organização, a fim de extrair o máximo de seus subordinados, sem perder o prumo.

CAPÍTULO 1

TEMÁTICA MARCIAL

As artes marciais, por conta de sua filosofia muito particular, mudam a maneira com que o praticante encara o mundo e seus relacionamentos interpessoais e intrapessoais. O lutador, habituado ao trabalho duro e diligente, não padece de maus hábitos como a preguiça. Por outro lado, raciocínio veloz e as respostas adequadas para cada situação são pré-requisitos de um verdadeiro artista marcial. No combate é vital que se faça uso da inteligência, da percepção e da disciplina, a fim de manter uma postura ativa, oportuna e responsável. Assim também deve ser na vida cotidiana.

> "*Não se pode fugir à vida, então, melhor é encará-la e a todas as suas atribulações.*"

O dia a dia das pessoas é uma infindável batalha que precisa ser travada quer a pessoa queira, quer não. Não se pode fugir à vida, então melhor é encará-la e a todas as suas atribulações, com espírito de destemor. Qualquer filosofia marcial estimula a criatividade e a capacidade individual de expressão, portanto, o praticante não deve se prender e moldar aos aspectos mentais de outras pessoas, seguindo um caminho que por elas tenha sido traçado. Ele tem de estar disposto a aprimorar o próprio raciocínio e elevar sua infindável potencialidade, mas tomando o devido cuidado para conservar sua originalidade, que é aquilo que o difere dos demais.

O caráter moral é um aspecto essencial a qualquer lutador, de forma que um praticante jamais deverá usar meios ilícitos para se sobressair, independente dos resultados do confronto. Desde seus primeiros dias no tatame, o lutador aprende a lidar com suas limitações. Lições de humildade são particularmente significativas, pois o iniciante logo se percebe num ambiente onde poderia ser esmagado pela maior parte das pessoas. Mas esse mesmo temor acaba sendo infundado, pois num tatame apropriado, as pessoas tendem a ser gentis, respeitosas e prestativas.

> *“Mesmo a derrota é necessária, ela faz parte do processo de aprendizagem.”*

Não há abuso de poder em um tatame sério e comprometido com o ensino de uma arte marcial. Mesmo assim, os limites estão todos lá; eles são visíveis, e o praticante aprende a aceitar e lidar com eles. Mas, mesmo num ambiente como este, a competição continua presente, pois é ela que leva ao crescimento. É preciso ter consciência de que não se pode acomodar, pois o progresso implica em constante superação. Na verdade, mesmo a derrota é necessária; ela faz parte do processo de aprendizagem. Não se encara a derrota como perda, pelo contrário, trata-se de uma oportunidade para aprender.

O nível mais elevado da prática marcial tem a ver com sacrifício, que é algo de difícil entendimento. Sacrificamo-nos pelo amor, pela justiça, pela família, pelo país, pela natureza e ao fazermos isso, inevitavelmente condenamos parte de nossa essência, porém é um degrau necessário. O sacrifício é doloroso, mas ele próprio torna-se a recom-

pensa. Ele faz parte do paradoxo que a filosofia marcial nos coloca e que, se entendido, desvenda todo o resto: aprendemos a lutar, a combater, mas, no fundo, o objetivo da luta é "não lutar".

Aprende-se a lutar para não ter de lutar. Não há beleza e profundidade maior do que isso e o que realmente intriga a mente observadora é que sistemas de combate absolutamente diferentes, nascidos em momentos distintos da história e muitas vezes em locais sem qualquer conexão geográfica, apresentam esse mesmo ponto em comum.

O karatê, por exemplo, é uma arte marcial japonesa tradicional, que significa literalmente "mãos vazias". Diz-se que seu maior objetivo é a perfeição do caráter, um objetivo que é atingido por meio do treinamento árduo e de uma rigorosa disciplina da mente e do corpo. Disciplina é, por definição, um sistema que pode ser tanto imposto, quanto consentido, mas, a disciplina marcial é autoimposta, pois apesar de ter de obedecer às regras específicas de cada sistema, o praticante as adapta à sua própria realidade. E ele o faz de forma orgânica e natural, o que torna este um processo nascido de dentro para fora e, por conseguinte, mais produtivo.

Claro que a autodisciplina se origina de uma orientação já preestabelecida, e é por conta disso que nos referimos ao tema como "filosofia das artes marciais". Esses conceitos podem estar tanto estruturados e normatizados, quanto serem transmitidos de professor para discípulo por uma conversa informal ou simplesmente por meio de exemplos positivos. Curiosamente, a assimilação parece ser a mesma seja qual for o caso. Entende-se, portanto, que abarcar o conceito marcial depende sobretudo de quem o está buscando.

LIÇÕES DO KARATÊ

No karatê, diversos *dojos* (locais de treinamento) recitam um conjunto de cinco preceitos (*kun*) no começo e no fim das aulas, os quais representam os ideais filosóficos dessa arte. Tais preceitos são atribuídos à autoria do mestre Gichin Funakoshi (1868-1957), líder da Sociedade Okinawa de Artes Marciais do Japão e tido como o idealizador do karatê moderno. Chamado de *Dojo Kun* pelos praticantes da arte, os preceitos são:

- **Hitotsu jinkaku kansei ni tsutomeru koto**
  Primeiro. ***Esforçar-se para formar o caráter.***

- **Hitotsu makoto no michi o mamoru koto**
  Primeiro. ***Fidelidade para com o verdadeiro caminho da razão.***

- **Hitotsu doryoku no seishin o yashinau koto**
  Primeiro. ***Criar o espírito do esforço.***

- **Hitotsu reigi o omonjiru koto**
  Primeiro. ***Respeito acima de todo o resto.***

- **Hitotsu kekki no yu o imashimeru koto**
  Primeiro. ***Refrear o espírito agressivo.***

A primeira coisa que deve chamar a atenção do leitor é que os preceitos não seguem numeração, começando sempre com "primeiro". Isso porque o mestre Funakoshi julgava que não havia um item que fosse mais importante do que o outro, assim, não os numerou.

合気道

O praticante de artes marciais deve manter seus pensamentos distantes do egoísmo e da maldade, mas nem por isso deve se tornar uma pessoa ingênua. A busca dos ideais mencionados nada tem a ver com isso. Não se ganham lutas ou batalhas com ingenuidade, nem no tatame, nem no mundo empresarial. Mas essa é justamente a beleza intrínseca de tudo isso; o contato direto com oponentes nos ensina mais sobre a natureza humana (dos outros e a própria) e, assim como o jogador de pôquer profissional, cuja capacidade de observação e associação é desenvolvida por conta da experiência adquirida, também o lutador aprende a "ler" as pessoas, a interpretar corretamente o comportamento delas, seus olhares, o toque e até mesmo as inflexões na voz. No karatê, este é o significado filosófico do sufixo "kara" (vazio) – não se trata do vazio material, mas da ausência de pensamentos negativos ou inferiores.

O budô é a busca constante do aperfeiçoamento, autocontrole e harmonização do indivíduo com o meio em que ele se encontra inserido. Tal estabilidade física e emocional nasce a partir do treinamento rigoroso e de uma vida disciplinada. Lutadores que levam esse caminho a sério atingem um nível de sensibilidade, percepção e intuição superior ao de pessoas "comuns", sendo capazes de perceberem o ataque do adversário antes que ele ocorra, ou de reagir com tamanha velocidade e precisão, que anula qualquer ação dele. Esta é uma das maiores lições do tatame para os empreendedores.

AIKIDO – USE A FORÇA DE SEU ADVERSÁRIO CONTRA ELE

O aikido é uma arte marcial japonesa caracterizada por técnicas de projeção ou torções de articulações, que neutralizam o agressor ferindo-o o mínimo possível. Seu fundador, o *sensei* Morihei Ueshiba, é uma das pessoas mais respeitadas no meio marcial, tanto pela competência de lutador, quanto pela beleza ímpar da filosofia do sistema que criou.

Artes marciais, de forma geral, enfatizam a preservação dos valores éticos e morais, disciplina e hierarquia, mas o aikido vai além,

合気道

uma vez que não existe sistema de competição entre os praticantes. A competição para o lutador de aikido é da pessoa contra ela mesma. A cada instante o praticante deve buscar ser melhor do que era antes e essa é a única competição que realmente importa.

Competições valorizam o vencedor, o mais forte e mais rápido, entregando medalhas e tocando hinos, mas a maior preocupação do aikido está na beleza da prática e na correção da forma. Um campeonato tem como objetivo a disputa de quem é o detentor da melhor técnica e por isso um vencedor é eleito. Mas, para o fundador (chamado pelos praticantes da arte de O-Sensei), a técnica é só uma ferramenta para auxiliar na construção do espírito do ser humano. Como não se pode eleger qual é o melhor espírito de todos, na filosofia do aikido campeonatos não fazem sentido.

> *“A técnica é só uma ferramenta para auxiliar na construção do espírito do ser humano.”*

Pode não parecer em um primeiro momento um pensamento muito útil para quem vive a pressão diária do mundo empresarial. Não se preocupar com a competição pode representar um risco irremediável, entretanto, a superação individual diária que o aikido prega se enquadra perfeitamente às necessidades dos empresários. Independente do outro, deve-se sempre buscar o aprimoramento – e esta é a grande lição a ser aprendida!

O-Sensei enfatizava aos seus alunos a falta de sentido que existe na proposição “vencer seus adversários” e a beleza que significava superar as próprias dificuldades e limitações. Combater os medos interiores era, para ele, o que importava. Isso qualifica os indivíduos a existirem no mundo, mesmo em uma sociedade brutal e altamente competitiva como a nossa.

O aikido visa criar um espírito pacífico e de cooperação entre as pessoas. A própria palavra é composta de três ideogramas que exprimem esse conceito:

AI – *Harmonia* **KI** – *Energia* **DO** – *Caminho*

Na filosofia do aikido, valoriza-se a disciplina, respeito, gratidão e honra, enquanto nossos maiores inimigos são a insegurança, desres-

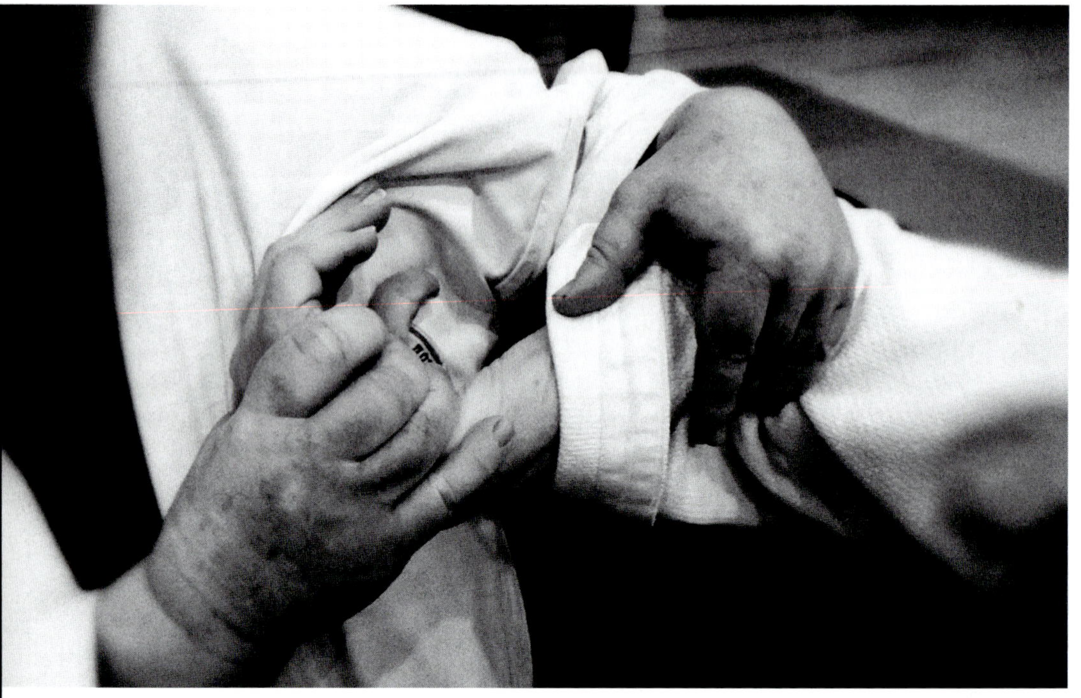

peito para com o próximo, preguiça, desarmonia, fraqueza de caráter e desequilíbrio. Essas características estão dentro de nós e precisam ser diariamente combatidas; se o praticante permitir, elas se instalam.

No Japão, desde a Antiguidade acredita-se que força, beleza e correção são os elementos necessários para levar um modo de viver ideal. O aikido busca expressar esses elementos por meio dos movimentos do corpo. Seu principal objetivo é ensinar as pessoas a sentirem a força do "ki" em suas vidas, a energia vital que nos move, por meio dos movimentos baseados na circularidade e não na oposição ao fluxo. A prática leva a um espírito correto e um corpo saudável.

Mas talvez o ensinamento fundamental do aikido que pode ser transportado para o mundo empresarial seja justamente não medir forças com o oponente. Força com força, sempre ganhará o mais forte – e por mais que você seja forte, sempre haverá alguém mais forte do que você. Por outro lado, o aikido ensina a prática da não resistência – que é voltar a força do adversário contra ele mesmo. Desta forma, além de evitar o próprio desgaste, o praticante ainda consegue subjugar o adversário de forma limpa e segura.

FRASES DO *SENSEI* MORIHEI UESHIBA

“O aikido não é uma maneira de lutar ou de derrotar os inimigos; é uma maneira de reconciliar o mundo e tornar todos os seres humanos uma família.”

“O segredo do aikido é tornar-se uno com o universo.”

“O aikido é primeiramente uma forma de conseguir a própria maestria física e psicológica.”

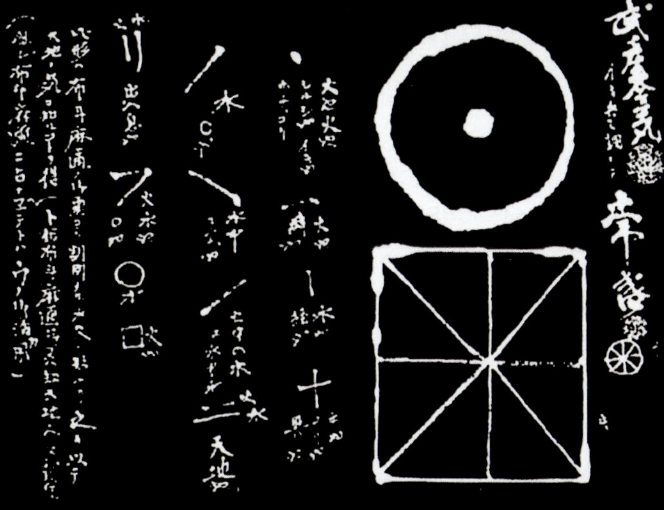

合気道

"O corpo é o resultado da unificação concreta entre o físico e o espiritual."

"Desilusões levam o indivíduo a um caminho demoníaco. Não dê rédeas ao seu alazão mental."

"Quando desafiado por um só inimigo, cuide-se. Você está sempre cercado!"

"Aquele que está preparado para qualquer evento, jamais usará sua espada com precipitação."

"Lute contra vários inimigos como se eles fossem somente um."

"Vida e morte estão diante dos olhos. Devemos saber disso muito bem. O inimigo não aceita uma retirada."

"Ao ensinar, lembre-se que os grandes segredos estão contidos nas técnicas básicas."

KUNG FU – SABEDORIA MILENAR CHINESA

O kung fu também possui uma filosofia rígida, seguida pelos seus praticantes. Esta arte marcial chinesa – uma das mais antigas formas de combate conhecidas – está ancorada nas normas budistas e, mais do que um simples método de defesa pessoal, é um sistema completo, que reúne um rico conjunto de preceitos filosóficos. Muito embora kung fu seja um título atribuído a um conjunto de várias artes chinesas distintas, há diversos pontos filosóficos em que todas elas se encontram. Dentre eles, podemos destacar quatro principais:

CHI - *Firmeza de caráter*

O lutador precisa ter caráter inabalável. Seu julgamento deve ser sempre adequado, com base nos atributos da responsabilidade, sinceridade, honestidade e serenidade. Tendo-os dentro de si, ele aprende a reconhecer tais atributos nos outros. A firmeza de caráter implica também em estabelecer objetivos e prioridades.

HEI - *Desprendimento de valores*

O que importa na vida não são bens materiais ou posses, mas ser fiel, amigo e estar sempre disposto a auxiliar quem quer que esteja passando por dificuldades. Desprender-se significa estar livre, não depender de nada ou de ninguém, física ou emocionalmente, o que torna o indivíduo seu próprio guia.

JUNG – *Ser corajoso e heroico*

Não basta ser corajoso para si mesmo. O praticamente deve sempre auxiliar os mais fracos e combater abusos de poder, sem discriminação e sem segundas intenções. Não deve visar benefícios próprios; ele ajuda por que pode!

WAI – *Ser ativo em todos os empreendimentos*

A pessoa ativa é diligente e produtiva. Há muita passividade nos dias de hoje, gente que passa toda uma vida nas sombras, tentando não aparecer e apenas singrando junto com a maré, sem usar o remo uma única vez. Essas pessoas não se atrevem a mudar a direção do barco. O praticante deve ser ativo, não importa qual seja o segmento em que esteja atuando. Sua atitude perante a vida define quem você é.

SAMURAIS – OS MAIORES GUERREIROS DA HISTÓRIA

Os samurais foram uma classe guerreira altamente treinada, que serviu à aristocracia do Japão entre o período de 1100 a 1867. O nome "samurai", que em japonês significa "aquele que serve", espelha a motivação desses grandes guerreiros: servir, com total lealdade e empenho, os *daimyo* (senhores feudais) que os contratavam. Samurais que serviam um *daimyo* eram chamados de *hanshi*.

Os samurais obedeciam a um código de honra não escrito e sistematizado chamado *bushido* (caminho do guerreiro). Segundo esse código, um samurai não poderia jamais demonstrar medo ou covardia diante de qualquer situação. De acordo com a crença deles, a vida possui um caráter limitado e efêmero, mas o nome e a honra são para sempre. O que você faz em vida, repercute por toda a eternidade. Portanto, esses guerreiros prezavam a honra, a imagem pública e o nome de seus ancestrais acima de tudo, até da própria vida.

> *"Os samurais obedeciam a um código de honra não escrito e sistematizado chamado* bushido *(caminho do guerreiro)."*

A determinação molda o caráter do lutador. Ele sabe que deve treinar sem interrupção. Também sabe que jamais pode ser agressivo ou rude com as pessoas e que sua técnica só deve ser usada para defesa. Com esse entendimento, ele adquire respeito pela própria vida e pela de outras pessoas. Ele sabe que deve respeito aos mestres vindos antes, ao seu mestre atual, aos seus colegas e sabe também que, embora seja o praticante mais avançado dentro do tatame, na vida sempre haverá algum assunto que outros entendam melhor do que ele. É essa noção de humildade que mantém seus pés no chão e é justamente ela que torna tão difícil derrubá-lo. Trata-se de uma poderosa lição para os empreendedores – especialmente aqueles que têm dificuldade de delegar!

O praticante busca ser amigo e demonstrar solidariedade para com seus colegas. É muito difícil se imunizar contra a cobiça, a agressividade e a fanfarronice, portanto, é preciso um estado constante de atenção e policiamento por parte do indivíduo.

O QUE É GATKA

O gatka é um sistema marcial indiano praticado pelos sikhs, um grupo étnico e religioso que representa menos de 1% da população da Índia. A arte envolve uma série de sistemas integrados de combate que incluem duelos armados e desarmados e uso ofensivo e defensivo de armas. O guru Gobind Singh, um dos grandes mestres da prática, explicou em seu texto *Zafarnama:*

> *"Quando todos os outros meios falharem, então será apropriado tomar a espada em suas mãos."*

Zafarnama significa literalmente "Notificação da Vitória" e é o nome dado à carta enviada, em 1705, por Gobind Singh, o décimo guru dos sikhs, ao imperador da Índia, Aurangzeb. Os mestres de gatka são chamados de *khalsa*, o que pode ser traduzido como "guerreiro santo". Para eles, seu caminho é a arte da guerra: o equilíbrio entre habilidades de combate, religião e filosofia. Um *khalsa* acredita em:

- Disciplina do treinamento
- Força da moral
- Dedicação e senso de dever e respeito

Os guerreiros santos acreditam terem recebido seu dom de Deus e defendem que a função fundamental do gatka é ajudar a humanidade e dar fim às cinco paixões inatas ao homem: raiva, luxúria, cobiça, ego e apego. Apenas quando um homem tiver conquistado essas paixões e as tiver transcendido, ele poderá conquistar o mal que está fora de si e fazer algo pelo mundo. Então, esse homem será justo o suficiente para portar uma espada.

No gatka, toda ação, independente do seu significado ou de seu valor superficial, é um ato de criação. Por isso, somos todos criadores, a todo instante. De forma igual, todo momento expressa uma energia em particular e todo pensamento é uma meditação. Assim, assumimos grande importância no mundo, pois criador e criação se unem no momento em que efetuamos uma ação — e isso nos leva a um estado elevado de plenitude. Somos responsáveis pelo movimento compassado do mundo e dele não podemos nos esquivar.

CAPÍTULO 2
BRUCE LEE

A Síntese de um Gênio

*"Aprox*ima-te de Jeet Kune Do
com a ideia de dominar a vontade.
Esquece a vitória ou a derrota;
esquece o orgulho e a dor.
Deixa teu adversário
arranhar a tua pele
e esmaga a carne dele;
deixa-o esmagar tua carne
e fratura-lhe os ossos;
deixa-o fraturar teus ossos
e toma a vida dele!
Não te preocupes
em escapar ileso –
deixa tua vida diante dele."*

(Bruce Lee)

A CARREIRA

Devido às conexões do pai (que era cantor de ópera) com a indústria do entretenimento, Bruce Lee foi desde muito cedo ator infantil em filmes chineses da década de 1950. Obstinado, arrogante e dono de um temperamento explosivo, Lee procurou dosar seu aprendizado nas artes marciais com outras práticas, e, ao terminar a escola, foi para os EUA estudar. Reza a lenda que seu pai enviou-o à América para afastá-lo dos problemas que tinha com brigas de gangues na China, mas esse fato nunca ficou inteiramente comprovado.

Ele se graduou na Universidade de Washington, recebendo bacharelado de Artes em Filosofia, rumou para a Califórnia, e acabou fixando-se em Hollywood, Los Angeles. Lee sempre teve a ideia fixa de que a melhor forma de divulgar seu talento e o (na época) desconhecido kung fu, era o cinema. Além disso, ser ator satisfazia a sua personalidade egocêntrica. Conseguiu um papel coadjuvante, como o Kato da série de televisão *Besouro Verde*, que ficou no ar apenas entre 1966-1967.

> *"Covarde não é aquele que evita um combate, covarde é aquele que mesmo sabendo que é superior luta e fere o mais fraco."*
>
> ***Bruce Lee***

O programa que Bruce queria que fosse seu trampolim para o sucesso naufragou, o que o levou a dar aulas particulares de artes marciais para personalidades famosas do meio artístico, como Lee Marvin, James Coburn e Steve McQueen, sendo que sua hora chegava a custar até US$ 250,00, uma pequena fortuna para a época.

Os papéis na televisão minguaram durante um longo período. Exceto por algumas pequenas participações em séries de TV sem expressão, como Detetive Marlowe em Ação (1969) e Longstreet (1971), ele ficou fora de cena. Sua maior decepção veio quando ele concebeu o conceito para uma nova série de TV, chamada apenas Kung Fu, mas, de última hora, os produtores trocaram o protagonista. Para eles, os telespectadores não apoiariam uma série cujo ator principal fosse oriental e, no lugar de Lee, foi escolhido o então popular David Carradine (que não sabia nada de artes marciais).

Bruce, cansado do preconceito nos EUA, voltou para Hong Kong, onde descobriu que a série Besouro Verde era sucesso absoluto, sendo inclusive conhecida por lá como o "Programa de Kato". Por sua popularidade, ele foi convidado a participar num

projeto de três filmes do grande diretor chinês Raymond Chow. Seu primeiro longa, O Dragão Chinês (1971), foi um blockbuster para a época. O filme seguinte, A Fúria do Dragão (1971), quebrou os recordes do anterior e consagrou Bruce não só como artista marcial, mas também artista cinematográfico.

Já na terceira experiência, O Voo do Dragão (1973), Bruce aumentou seu envolvimento com a produção e supervisionou todos os aspectos do filme, sendo escritor, ator, coreógrafo e tendo até tocado percussão na trilha sonora. Foi também sua estreia como diretor, ao lado de Chow, tudo com o objetivo de trazer credibilidade à película.

O Voo do Dragão traz aquela que é celebrada até hoje como a melhor cena de luta já filmada: o combate entre Bruce Lee e Chuck Norris no Coliseu. Nessa cena cuidadosamente estudada quadro a quadro, Lee já começava a passar por meio de seus filmes uma mensagem filosófica que resiste até hoje sobre o que ele achava que deveria ser o comportamento do verdadeiro lutador, ao mostrar visualmente a

合気道

necessidade de se adaptar ao combate e libertar-se da rigidez dos estilos tradicionais. Esta é uma das lições mais fundamentais que a vida de Bruce pode trazer ao empreendedor: Adaptação! Ele começa a luta perdendo, pois segue à risca sua arte marcial (no filme, Bruce é apresentado como lutador de boxe chinês), mas, ao perceber isso, assume uma postura diferente, liberta-se do "gesso" que o sistema lhe trouxera e deixa o oponente atordoado com sua capacidade de adaptação em tempo real. Obviamente, ele vence a luta.

Bruce começou a filmar seu longa seguinte, O Jogo da Morte (1973/78), mas no meio da produção, recebeu um telefonema dos Estados Unidos. Era um convite para protagonizar seu primeiro filme norte-americano, Operação Dragão (1973). Ele interrompeu O Jogo da Morte e foi para Hollywood, onde pôde trabalhar com um grande orçamento, mas, desta vez, sob seus termos. As filmagens foram tensas, mas o resultado foi positivo, e Operação Dragão é até hoje considerado o melhor filme já feito de artes marciais. Mas Bruce levou seu corpo e mente aos limites durante as filmagens e, para suportar a tensão, recorreu a uma série de atitudes questionáveis, inclusive o uso de haxixe para conseguir se acalmar.

> *"Adaptação é uma das lições mais fundamentais que a vida de Bruce Lee pôde trazer ao empreender."*

Em 10 de maio de 1973, quando editava Operação Dragão, ele sofreu um desmaio no estúdio, sendo levado às pressas para o hospital. Após uma bateria de testes que nada detectaram, ele se recuperou, concluiu o filme, e retomou seu antigo projeto.

Posteriormente, Bruce trabalhava com a atriz chinesa Betty Ting Pei na casa dela, supostamente discutindo algumas cenas do filme e reclamou de uma forte dor de cabeça. Ela lhe deu um analgésico e ele se deitou. Algumas horas depois, Betty entrou em pânico por não conseguir acordá-lo e ligou para Raymond Chow.

Ele foi levado para o hospital, mas não havia nada a ser feito: Bruce Lee, a lenda das artes marciais, havia morrido. Aos 32 anos, Bruce deixou esposa, dois filhos e um legado inigualável no mundo, tanto das artes marciais como das artes cinematográficas. Em seu funeral, foi homenageado por milhares de pessoas, e o corpo levado para Seattle, onde ele e Linda Lee, sua esposa, haviam se conhecido.

A causa da morte foi atribuída a um edema cerebral, um inchaço no cérebro causado por uma reação alérgica ao remédio tomado na casa de Betty. Bruce havia levado seu corpo tão longe com seu treinamento, sem respeitar limites ou tempo de descanso, que cruzou a linha que separa saúde de dano. Seu corpo, como resultado, não aguentou. Trata-se de outra lição dura, mas que deve ser observada: respeite os limites e saiba quando deve dar um passo atrás e respirar.

Sua súbita morte tornou Operação Dragão um enorme sucesso mundial e colocou as artes marciais na moda, criando uma verdadeira febre. Cinco anos depois, Jogo da Morte foi concluído usando o material que Bruce havia filmado e cenas adicionais com um dublê, sendo também um grande sucesso.

JEET KUNE DO

A carreira de Bruce no cinema foi curta, porém brilhante, mas essa não foi sua maior contribuição para o mundo das artes marciais. Durante o curso de Filosofia em Washington, Bruce teve contato com os textos do indiano Jiddu Krishnamurti, uma ocorrência que mudou sua vida.

Krishnamurti defendia que cada ser humano é uma luz em si e que é errado procurar a verdade em outros lugares que não dentro de si mesmo, por mais que esses lugares fossem tidos como sagrados e especiais. "Você precisa ser sua própria luz em um mundo que cai nas trevas", dizia o filósofo. Isso significa, dentre outras coisas, que as pessoas não deviam se deixar limitar e engessar por sistemas, quaisquer que fossem eles, mas encontrar seu próprio caminho no mundo, de forma honesta e satisfatória. É um pensamento válido não só do ponto de vista espiritual, religioso ou político, mas que pode ser aplicado em qualquer segmento da vida.

"Se sua vida está correndo risco, você não para e pensa: 'Deixe-me ver se minha mão está na posição correta, ao lado do meu quadril, ou se meu estilo é o estilo'. Então, por que a dualidade?"

Bruce Lee

Fascinado pela ideia, Bruce resolveu aplicá-la ao mundo das artes marciais e assim surgiu o jeet kune do, que quer dizer "caminho do punho interceptador". Lee passou a se dedicar à análise da teoria e prática de vários sistemas de luta. Percebeu a ineficiência de diversos movimentos consagrados, julgando essas técnicas clássicas meros floreios, o que ele chamava de "desespero organizado".

Bruce concluiu que muitas técnicas clássicas de luta não estavam preparadas para situações reais de combate, preferindo abordagens mais diretas. Além disso, ele levou em consideração que as pessoas têm aptidões diferentes, biótipos diferentes e, como tal, não poderiam se moldar a todo um sistema de luta. Na mente de Bruce, as pessoas não devem se adequar a um sistema, mas sim montar um sistema que seja adequado a elas – e essa é uma lição do tatame impressionante.

FILOSOFIA

“A liberdade de expressão era fundamental para Bruce Lee.”

A abordagem filosófica do jeet kune do é o ponto fundamental, já que a arte não se limita a conjuntos de movimentos sistematizados. Para Bruce, o ideal é que o jeet kune do se desenvolva de modo diferente em cada lutador. A liberdade de expressão era fundamental para ele, que acreditava que um sistema marcial restrito e um conjunto de movimentos preestabelecido limitam a habilidade de resposta do lutador. Não se trata apenas de improvisar – o que também pode ser positivo, em especial sob pressão –, mas de conhecer a técnica e transcendê-la, adaptando-se às necessidades da luta. Para ele o combate é algo vivo, bem diferente de uma abordagem estática.

合気道

> *O que você sabe não tem valor; o valor está no que você faz com o que sabe.*

Anos após a morte do artista, foi lançado O Tao do Jeet Kune Do, um livro que expressa o ponto de vista e a filosofia de Bruce Lee, baseado nas notas que ele deixou em vida. O projeto foi iniciado em 1970, quando Bruce estava impedido de praticar artes marciais devido a um problema nas costas, causado por excesso de treinamento. Sua recuperação levaria seis meses. Durante esse período, ele decidiu reunir seu aprendizado e técnica, aproveitando para estudar a mecânica dos movimentos. A junção dessas anotações seria chamada de "núcleo de anotações", mas muitas dessas notas, dizia Bruce, eram "inspirações espontâneas" por serem incompletas e desordenadas, e não faziam sentido isoladamente.

Bruce pretendia terminar seu livro no ano seguinte, mas sua carreira no cinema era prioritária e ele não teve tempo. Também passou a se sentir inseguro, pois temia que seu trabalho pudesse ser mal interpretado. A intenção de Lee era demonstrar sua filosofia e não criar um manual de "como aprender artes marciais em 10 lições". O livro foi terminado postumamente e tornou-se um grande sucesso, embora não raro seja mal interpretado, conforme Bruce temia.

BRUCE LEE E A MOTIVAÇÃO

Bruce Lee foi um poderoso exemplo de motivação e dentre diversas histórias que poderiam ilustrar isso, há uma em especial. Em 1970, durante uma sessão de exercícios, Bruce lesou seriamente o nervo sacro da coluna. A lesão foi decorrente de um aquecimento mal feito associado ao excesso de carga e o resultado foram seis meses de repouso. Para alguém hiperativo como Bruce, isso era quase impraticável e os médicos, desenganados, chegaram a declarar que ele nunca mais voltaria a chutar.

Em vez de ficar deprimido em seu leito, Bruce usou o período no qual estava convalescente para estudar a fundo artes marciais e textos de filosofia. Seus estudos encheram sete cadernos de anotações, as quais posteriormente comporiam O Tao do Jeet Kune Do. Ele também refletiu e identificou suas deficiências e fragilidade de lutador, num processo que envolvia o mais alto grau de introspecção, reflexão e percepção.

Contrariando todas as opiniões médicas, transformou o enorme obstáculo que tinha diante de si num estímulo e deu início ao que viria a ser uma recuperação histórica. Bruce dava mais de 2 mil chutes e 4 mil socos por dia, corria vários quilômetros, pedalava, nadava e pulava 20 minutos de corda. Sua rotina de atividades físicas beirava a insanidade, mas funcionou. Uma vez recuperado, ele tornou-se um artista marcial melhor do que jamais fora antes Em 1971, Bruce lançou O Dragão Chinês e mostrou ao mundo que havia dado a volta por cima. A partir daquela imensa dificuldade, nasceu o Bruce Lee que o mundo aprendeu a admirar.

CAPÍTULO 3
APLICANDO OS ENSINAMENTOS

Neste capítulo, após termos examinado a filosofia e ensinamentos de várias artes e a vida e carreira de um artista marcial em especial, Bruce Lee, abordaremos de modo mais específico aspectos ensinados por elas que possam recauchutar a vida de uma empresa e seus funcionários, promovendo um ambiente de trabalho mais saudável, eficiente e coeso.

A maior parte das diretrizes não implica nenhum tipo de mudança radical na gestão, mas sim uma revolução comportamental que, embora pareça simples à primeira vista, pode gerar resultados bem profundos. É surpreendente a falta de bom senso que existe no mundo corporativo de hoje, portanto, as lições a seguir devem funcionar como um despertador, um alerta que mostre que existe outra maneira de fazer as coisas. Os temas abordados são:

- Flexibilidade e Adaptação
- Medo de Mudanças
- Liderança X Gerência
- A Eficiência do mais Simples
- Importância da Liderança

FLEXIBILIDADE E ADAPTAÇÃO

O pensamento oriental valoriza a flexibilidade. É uma lição que precisa ser aprendida pelo líder e transmitida para todos os segmentos da empresa. Se não há flexibilidade, não há adaptação. Sem adaptação, não haverá a possibilidade de lidar satisfatoriamente com ações imprevistas. Adaptar-se é uma capacidade inata do ser humano; foi justamente ela que nos permitiu sobreviver e evoluir num mundo selvagem e hostil, repleto de animais fisicamente mais fortes e perigosos.

Uma empresa flexível outorga certo grau de autonomia aos seus funcionários, instrumentando-os para que resolvam os eventuais problemas que surjam, buscando soluções criativas e satisfatórias. Mas delegar tarefas significa delegar também responsabilidades sobre decisões — portanto, é um processo que precisa ser feito com cuidado. Por outro lado, uma empresa centralizadora funciona como um estado totalitário, logo não poderá gozar desse grau de espontaneidade e da amplitude de movimentação que a flexibilidade garante.

Não se pode ter mão de ferro o tempo todo. Um líder que enxerga essa necessidade precisa:

Estabelecer regras, mas não mandamentos

Regras são importantes para a manutenção de qualquer organismo, seja social, político ou orgânico. Flexibilidade não significa ausência de regras, nem a necessidade de burlá-las. Regras garantem o bom funcionamento da empresa e devem ser seguidas, mas o funcionário apto a se adaptar entende a necessidade de subverter positivamente uma regra cada vez que a situação exigir. Regras não podem ser mandamentos engessados, do contrário, não haverá flexibilidade. Se a natureza não tivesse capacidade de se adaptar e evoluir, nós não existiríamos.

Estimular os funcionários a buscarem soluções criativas

A capacidade de criar é inerente ao homem. Também nos é exclusiva na natureza e isso não é pouca coisa. A ação criadora é o mais alto grau de expressão de um ser humano, portanto, não deve ser coibida em uma empresa, muito pelo contrário, deve ser estimulada. É o famoso “pensar fora da caixa”.

Ser o exemplo

Já se foi o tempo no qual o ditado “Faça o que digo, não faça o que eu faço” tinha algum sentido (se é que já teve). Se um líder demanda flexibilidade e capacidade de adaptação de seus funcionários, então, ele mesmo precisa ser a expressão máxima dessas qualidades dentro da empresa. A maleabilidade, habilidade e o comportamento de um líder serão fundamentais para determinar seu sucesso.

MEDO DE MUDANÇAS

Há muitas pessoas que são resistentes às mudanças por medo de que uma alteração na estrutura de uma organização possa ser prejudicial. O medo é um sentimento que não encontra utilidade na vida das pessoas, seja em nível pessoal, seja profissional. Um líder não deve ter medo, muito menos de mudanças, o que não significa que será imprudente e descuidado. O verdadeiro líder é inteligente e sabe quando deve ser cauteloso e quando deve ser impetuoso, sabe quando o destemor é uma vantagem e quando não.

Mudanças são necessárias e devem ser encaradas de forma natural. Existe uma máxima que diz que tudo aquilo que não muda, tende a deteriorar. A vida é movimento – sem ele, não há vida. O que fica estagnado morre. Assim, mudanças trazem o frescor necessário em todas as áreas. O líder precisa estar aberto às mudanças que por ventura façam-se necessárias.

Mudar significa encarar os novos paradigmas do mundo corporativo, entre eles, o papel fundamental que o líder exerce hoje. No novo paradigma, mais importante do que obedecer é fazer com que os funcionários sirvam satisfatoriamente o cliente, suprindo suas necessidades. O papel do líder moderno é oferecer os recursos necessários para que o grupo trabalhe de forma otimizada e produtiva. Se o líder pavimentar o caminho da forma correta, a maior parte dos obstáculos que os empregados teriam que enfrentar será removida.

LIDERANÇA X GERÊNCIA

Um chefe não é necessariamente um líder. Às vezes, um chefe é apenas um chefe e a liderança é assumida por outro elemento dentro da empresa. Mérito de um, falha do outro! Indivíduos que são verdadeiros líderes possuem seguidores naturais. Os demais membros do staff o seguem não por obrigação, mas por admirar e confiar no seu trabalho. Sua personalidade cativante, carisma e confiança são aspectos mais que suficientes para que isso ocorra. Por outro lado, um mero chefe conta com subordinados apenas por causa do cargo que ocupa. Se os funcionários executam suas ordens, o fazem em função da hierarquia, mas a motivação é perdida e as ações pouco qualitativas.

Muitos estudos modernos dedicam linhas e mais linhas a este assunto, salientando que o líder precisa saber gerenciar, mas nem todo gerente tem capacidade de liderar. O chefe segue a cartilha; o líder faz o que é certo. Pode parecer uma linha tênue, mas não é. Por exemplo, o chefe garantirá que determinada estratégia de marketing seja implementada e executada, apenas para descobrir ao término do processo que aquela estratégia talvez não fosse a mais adequada no momento. Já o líder terá ponderado desde o início a questão e saberá qual estratégia é a correta. Não é à toa que o livro atribuído a Sun Tzu (A Arte da Guerra) tornou-se referência para o mundo corporativo.

> *"O chefe segue a cartilha, mas o líder faz o que é certo."*

A EFICIÊNCIA DO MAIS SIMPLES

Um dos conceitos fundamentais que Bruce Lee observou no seu jeet kune do foi a questão da simplicidade *versus* efetividade. De acordo com ele, muitas vezes movimentos bonitos e elegantes, embora chamativos, são ineficientes em um combate real. Partindo do princípio de que a menor distância entre dois pontos é uma reta, Lee desenvolveu seu sistema, excluindo o que julgava demasiado fantasioso e alegórico, e mantendo apenas o funcional e prático.

Se uma pessoa leva dois anos para aprender a executar um movimento, isso significa que ele não é prático, mas confuso. Esta é uma valorosa lição do tatame, pois se há um mecanismo na empresa que não está funcionando, ele precisa ser identificado e corrigido. Lembre-se que mudança é necessária e o argumento de que "isto funcionava no passado, então é bom", não está mais em vigor. O mundo mudou, as pessoas também. Normas do passado não necessariamente se aplicam hoje e, provavelmente, as normas de hoje estarão obsoletas amanhã. O funcionamento da empresa precisa ser suave, sem solavancos e atropelos e, em geral, a melhor maneira de fazer isso é do modo mais simples.

IMPORTÂNCIA DA LIDERANÇA

Se não existisse um líder, qualquer organização seria caótica e confusa, assim como uma orquestra sem maestro, independente do grau de habilidade de seus músicos, não passa de um amontoado de instrumentos sem coesão, produzindo sons desconexos.

Do ponto de vista funcional, é difícil que um grupo se organize sem a presença de um líder (ainda que estudos modernos venham sugerindo novas formas de gestão compartilhada). Sem uma pessoa para dar a palavra final em uma reunião, todos tentam fazer valer o próprio ponto de vista. O resultado é que dificilmente o bom senso prevalece; quanto maior o número de pessoas, maior o número de egos.

Até que uma forma de gestão diferente e funcional surja, para que um grupo funcione como um único organismo, é preciso que alguém verbalize a necessidade de ordem e conduza os demais no processo de estabelecê-la. Quanto mais complexas forem as necessidades de um grupo, maior é a carência de um líder.

O líder goza de uma mente analítica e veloz, aberta e tradicionalista na medida certa, e conhece profundamente os diversos modelos de liderança e de desenvolvimento gerencial, assim como princípios básicos de administração e organização. Também é pró-ativo e sabe a importância de estar sempre disponível e acessível à sua equipe, bem como os benefícios de promover a interação dos que estão sob seu comando. O líder entende os mecanismos por trás de um bom planejamento e sabe como focar-se nos resultados, sem deixar a equipe num estado ansioso, sem fazer o famoso "terrorismo".

Um líder deve ser comunicativo, ter autocontrole, autoconfiança e saber como delegar e definir papéis. Ele não tolhe a capacidade de expressão e criação individual, mas as potencializa. Também, supervisiona as tarefas e apoia seus funcionários durante o processo de execução delas.

CAPÍTULO 4
IDENTIFICANDO OS PROBLEMAS

Por que seus Funcionários estão desmotivados?

"Se tiver em mente as vitórias conseguidas em épocas remotas e todas as circunstâncias que as acompanharam, não ignorará a utilidade que tiveram e saberá quais vantagens e desvantagens elas trouxeram aos vencedores."

É uma queixa bastante comum nos dias de hoje essa tal de falta de motivação. O que na época de nossos avôs (quando o funcionário mal tinha o direito de abrir a boca) era considerado um tabu, hoje em dia é alardeado. O medo de represálias diminuiu, não há vergonha, embaraço ou receio, pelo menos não da forma como era antigamente. Hoje, as pessoas expressam o que sentem com mais facilidade, o que é positivo, mas que por si só não resolve problema algum. O que faz diferença é justamente a capacidade que o ser humano tem de extrapolar acerca das dificuldades e dar cabo delas, usando como arma seu intelecto, sua percepção e sua atenção.

A falta de motivação não é um sintoma isolado, que ocorre apenas no campo profissional, mas um mal recorrente, que pode afetar todas as demais direções da vida de um indivíduo.

As pessoas expressam frequentemente a necessidade de terem algo que lhes incentive, que as impulsione e ofereça uma base sólida, pois se sentem incapazes de fazerem isso por conta própria. Isso ocorre por um conjunto de fatores, os quais extrapolam o escopo deste livro. Contudo – e o que nos interessa – é que o fato persiste: desmotivação é um estado que contamina o indivíduo e mina suas defesas, disseminando-se pelo organismo como uma doença, até tomar conta de tudo.

"A falta de motivação é um vírus mutante."

A boa notícia é que há muitos anticorpos para combater esse mal; a má notícia é que falta de motivação é um vírus mutante. Uma vez instalado, ele se ramifica pelo corpo e converte-se em outros estados de ser, como preguiça, desleixo e apatia. Num piscar de olhos, a pessoa desmotivada é dominada. Daí para frente, só piora. Por exemplo, se o indivíduo deixar a preguiça afetar seu trabalho, não vai demorar muito para permitir que esse estado se alastre também para outros aspectos de sua vida, inclusive moral e eticamente. Este indivíduo logo se torna preguiçoso em todas suas relações, nos cuidados pessoais, aparência, no meio onde vive, na natureza...

O indivíduo desmotivado, ao enfrentar uma situação complicada, rotula a si mesmo como vítima do mundo e das circunstâncias. Aos seus olhos, ele é "o injustiçado". Ele adoraria ser um mártir, exceto que nada fez para merecer essa alcunha. Tendo adquirido uma postura de autopiedade, só o que faz é reclamar, como se fosse o único a ter problemas na vida e essa mesma postura mina sua capacidade de lutar. Para ele, é mais fácil e cômodo acreditar que não há saída para a situação que está enfrentando do que realmente "ir à luta". Alguns dos principais componentes resultantes desse comportamento são:

- Agressividade, em geral nascida da frustração ou da incapacidade de extravasar tensão e insatisfação
- Comportamento ilógico e incoerente
- Falta de interesse em cumprir metas e/ou atingir objetivos e falta de colaboração para com o grupo
- Nervosismo
- Distúrbios fisiológicos decorrentes da somatização dos sentimentos negativos, como insônia, refluxos estomacais, diarreia, dores de cabeça, coriza, dores na coluna e distúrbios circulatórios
- Pessimismo exacerbado
- Insegurança

MOTIVAÇÃO X SATISFAÇÃO

Quanto mais a pessoa reconhece seu local de trabalho como contribuinte para a satisfação de suas necessidades, e quanto mais ela sente que aquilo que faz é valorizado, maiores são as chances de apresentar uma alta dose de motivação. É uma equação bastante simples, que pode ser observada nas mais variadas situações e não apenas no meio profissional. Por outro lado, caso o funcionário não satisfaça as suas necessidades e não consiga reconhecer o local de trabalho como um ambiente que lhe ofereça prazer, a motivação tende a diminuir, até minguar. Um emprego deve ser sinônimo de realização pessoal; o funcionário terá prazer em fazer parte de uma equipe e seu rendimento será maior.

POR QUE UM FUNCIONÁRIO ESTÁ DESMOTIVADO?

Há vários motivos que levam uma pessoa a se sentir desmotivada, entre os quais citamos:

Cansaço

Falta de férias, excesso de horas extras ou acúmulo de funções são motivos que levam o profissional a sentir-se desmotivado. Trata-se de um processo gradual e acumulativo, mas que cedo ou tarde afetará o indivíduo.

Falta de Reconhecimento

Por mais que trabalhe em prol da empresa, os esforços do funcionário não são reconhecidos, pelo contrário, quanto mais se esforça, mais trabalho recebe, pois seus chefes percebem que ele "dá conta". Não há funcionário que aguente essa rotina, principalmente quando horas extras não são remuneradas – e há muitas empresas que acham que não precisa pagar hora extra.

Emprego/Função Inadequados

O funcionário faz algo que não gosta. Em longo prazo, a pessoa percebe que mesmo uma boa remuneração financeira não basta para manter a motivação e ela começa a sentir-se miserável, num processo muitas vezes inconsciente. Se o emprego não fizer com que a pessoa se emocione e se excite, o marasmo a atingirá.

Falta de Perspectiva

Se o funcionário sentir que chegou ao topo do que a empresa pode lhe oferecer, ele também se desmotivará, em especial se o topo estiver aquém das expectativas que almejava. É necessário que exista uma real perspectiva de crescimento dentro da empresa, para gerar um sentimento de compromisso e cumplicidade. Sem metas não há desafios, sem perspectiva de crescimento, não há metas.

Falta de Respeito e Dignidade

Há estudos que indicam que quanto mais privilégios certos cargos tenham numa empresa, maior é a quantidade de pessoas insatisfeitas. É compreensível que diretores não queiram abrir mão de vagas privativas e não vamos incorrer num longo discurso acerca do tema, mas basta lembrar que tudo pode ser amenizado, caso esse mesmo diretor cumprimente seus funcionários com um "bom dia" ao passar por eles no corredor, independente de ser um faxineiro, vendedor, secretária ou segurança. Respeito e medo são coisas diferentes e uma posição social privilegiada não torna um ser humano superior a outro.

Estrutura Organizacional

Uma empresa bem organizada não precisa ser burocrática. Muitas vezes a burocracia é aplicada em detrimento à lógica e ao bom senso, o que prejudica a motivação de quem quer trabalhar livremente – o que também não quer dizer que o funcionário não precise se reportar a alguém, apenas que isso deve ser feito com observância à coerência.

Há outras razões que podem dar princípio ao sentimento de insatisfação no ambiente de trabalho, mas os supracitados são os principais e mais recorrentes. Uma ligeira observação revela que resolvê-los não implica em grande logística ou num desafio magnânimo para o líder. Basta que ele tenha certa dose de comprometimento e bom senso, além de boa capacidade de observação e autoanálise.

E ONDE O CHEFE SE ENCAIXA?

E o que tudo isso tem a ver com o chefe? Ora, ele é o responsável direto por tudo o que ocorre. Se for míope, apático e retrógrado, preferindo fazer valer seus valores pessoais acima da lógica e coerência, permitirá que os processos citados se instaurem. Na verdade, ele próprio pode ser o catalisador disso tudo.

É claro que nenhum chefe quer escutar que é o problema de sua

empresa. Mas quer queira, quer não, pode ser verdade. Não obstante, os problemas envolvendo a motivação de uma equipe poderiam ser evitados e o mal cortado pela raiz caso o chefe esteja presente no dia a dia, observando o desempenho profissional de cada um dos funcionários que está sob seu comando.

Um clima organizacional agradável pode ser a chave para manter a empresa saudável e funcional; funcionários que se sintam valorizados e reconhecidos pelos seus superiores hierárquicos e por seu pares tendem a trabalhar mais satisfeitos e produzir melhores resultados.

Um ambiente pode ser descontraído sem perder a seriedade e o comprometimento, mas a criação de um bom clima dentro da empresa só é possível mediante o fortalecimento da relação entre todos. Cordialidade e respeito são imperativos e sempre é bom lembrar que o exemplo precisa vir de cima. A implicação maior desse sentimento é que quanto mais os funcionários se identificarem com a empresa, maior será seu nível de comprometimento.

Uma vez comprometidos, passarão a defender os princípios e valores da empresa, fortalecendo a identidade corporativa e devotando amor à marca. Essa fidelização é positiva dentro do universo da companhia, mas precisa ser constantemente cultivada, como um bom jardineiro dá a manutenção ao seu jardim. Não é incomum funcionários que passam a consumir apenas produtos da empresa em que trabalham ou que adquiram ações dela, não por causa de uma hipotética facilidade, mas sim por conta desse amor à marca.

Entre as diversas ações que podem ser tomadas pelo líder para despertar esse sentimento e ajudar a nutrir o bom relacionamento dentro da equipe, está descobrir quais são as necessidades dos seus empregados, clientes e colaboradores antes que eles próprios se manifestem e antecipar-se no sentido de satisfazê-las. O bom líder precisa estar próximo de sua equipe, pois se o universo no qual ele vive for muito distante do universo de seus funcionários, não compreenderá as necessidades deles, o que criará uma lacuna. Portanto, identificar as necessidades é uma ação vital.

Existe uma máxima que diz: "Trate seus funcionários como deseja que eles tratem seus clientes!", e ela não poderia ser mais acertada. Se o líder fizer com que eles se sintam importantes, se conseguir fazer com que sejam responsáveis pela empresa, se ele não for obcecado por controle e poder, então, é provável que terá funcionários que serão leais a ele. Se assim for, há grandes chances de atrair, reter e manter motivados os melhores talentos do mercado.

> *"Na estratégia, sua disposição espiritual não deve diferir do normal. Tanto na luta quanto na vida, é preciso se esforçar para manter-se calmo. Aborde a situação sem tensão, mas mantenha-se alerta e com o espírito apaziguado. Mesmo que o espírito esteja calmo, não permita que o corpo relaxe; quando o corpo estiver relaxado, não amoleça o espírito."*
>
> ***Miyamoto Musashi***

合気道

10 *Dicas* FINAIS

1 ***Nunca subestime seu oponente. Nunca superestime sua força. O equilíbrio é o melhor estado a se buscar.***

2 ***Trace planos e estratégias, mas saiba se adaptar sempre que a situação exigir, seja em combate, seja na vida.***

3 ***Procure se expressar com honestidade em tudo o que fizer.***

4 ***O verdadeiro guerreiro está pronto para a luta, a qualquer instante.***

5 ***Trate todos com justiça. Premie de acordo com o mérito.***

6 ***Seja flexível como um bambu. Árvores rígidas são arrancadas do chão pelo vendaval.***

7 ***Evolua. Não permita que seu estilo fique estagnado. Há sempre espaço para crescer.***

8 ***Domine os sistemas, mas não permita que o próprio sistema se torne a sua limitação. Pense fora da caixa.***

9 ***Não meça forças com o oponente, mas use a força dele contra ele próprio.***

10 ***Saiba que todo dia é um bom dia para vencer ou perder. Mantenha-se humilde e jamais permita que o espírito da preguiça invada o seu ser.***

DIRETORIA: Jorge Carneiro e Rogério Ventura; **Diretor Editorial:** Henrique Ramos; **REDAÇÃO: Editor-chefe:** Daniel Stycer; **Editoras:** Eliana Rinaldi e Renata Meirelles; **Equipe Editorial:** Maria José Batista, Adriana Cruz, Sandra Ribeiro, Débora Justiniano, Hugo Wyler Filho, Juliana Borges, Lívia Barbosa, Verônica Bareicha, Daniela Mesquita, Dalva Corrêa e Maria Flavia dos Reis; **ARTE:** Leo Fróes; **Designers:** Franconero Eleutério, Julio Lapenne, Thiene Alves, Leandro L. Silva, Raquel Soares, Jefferson Gomes e Laércio Costa; **Edição e Tratamento de Imagem:** Luciano Urbano e Reinaldo Pires; **Diagramação:** Maria Clara Rodrigues e Evandro Matoso; **Produção Gráfica:** Jorge Silva; **Tecnologia da Informação:** Márcio Marques; **Marketing:** Bernadette Caldas (gerente), Cássia Nascimento, Juliana Ferreira, Patrícia Reis, Everson Chaves, Renato Cavalcanti e Luiza Martins; **Controle:** William Cardoso e Clayton Moura; **Circulação:** Luciana Pereira, Sara Martins, Wagner Cabral e Alexander Lima; **EDIOURO PUBLICAÇÕES DE PASSATEMPOS E MULTIMÍDIA LTDA.** Rua Nova Jerusalém, 345, CEP 21042-235 — Rio de Janeiro, RJ. Tel.: (0XX21) 3882-8200, Fax: (0XX21) 2290-7185; **Distribuição:** DINAP S.A. Estr. Dr. Kenkiti Shimomoto, 1678 — Jardim Conceição, Osasco, SP. Tel.: PABX (0XX11) 3789-3000.

Atendimento ao leitor:
0300-3131345 (custo de uma ligação local),
(0XX21) 3882-8300 (ligação local, RJ)

www.coquetel.com.br

PROJETO E REALIZAÇÃO
CRIATIVO
MERCADO EDITORIAL

PUBLISHER
Carlos Rodrigues
DIRETORA FINANCEIRA
Esilene Lopes de Lima
AUTORA
Alexandre Callari
DIREÇÃO DE ARTE
Marcelo Almeida
EDITOR
René Ferri